Impressum
Verlag: BABADADA GmbH, Nedderfeld 112 , 22529 Hamburg
Geschäftsführer / Verlagsleitung: Harald Hof
Druck: Books on Demand GmbH, In de Tarpen 42, 22848 Norderstedt

Imprint
Publisher: BABADADA GmbH, Nedderfeld 112 , 22529 Hamburg, Germany
Managing Director / Publishing direction: Harald Hof
Print: Books on Demand GmbH, In de Tarpen 42, 22848 Norderstedt, Germany

de School

kool

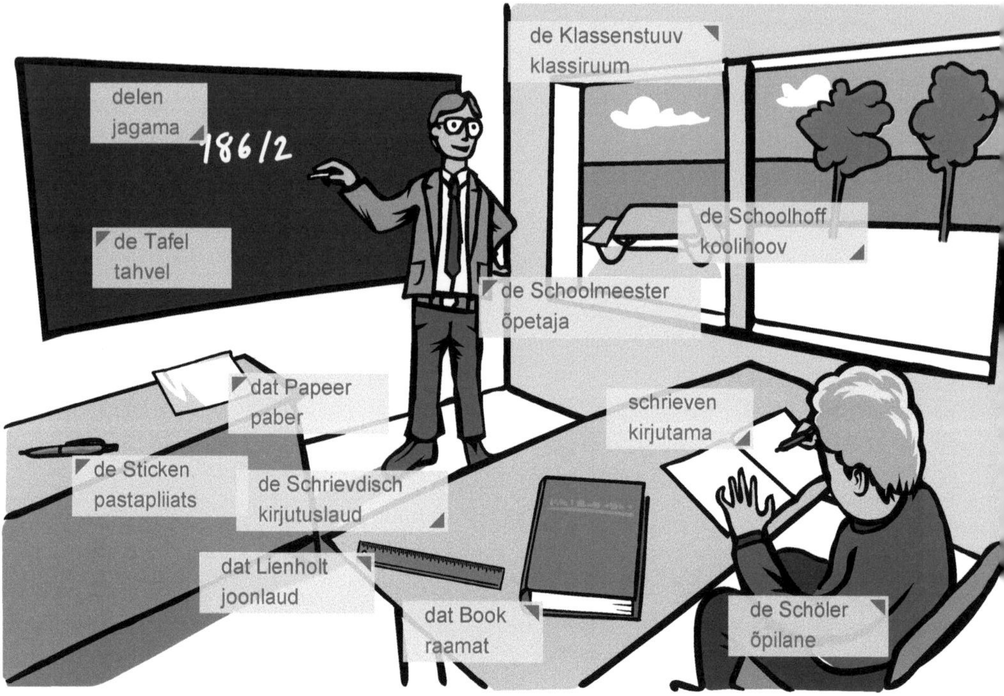
de Klassenstuuv
klassiruum
delen
jagama
186/2
de Tafel
tahvel
de Schoolhoff
koolihoov
de Schoolmeester
õpetaja
dat Papeer
paber
schrieven
kirjutama
de Sticken
pastapliiats
de Schrievdisch
kirjutuslaud
dat Lienholt
joonlaud
dat Book
raamat
de Schöler
õpilane

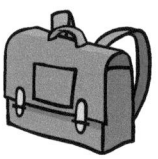

de Ranzel

koolikott

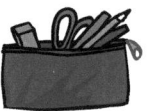

de Feddermapp

pinal

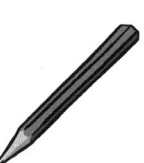

de Bleesticken

harilik pliiats

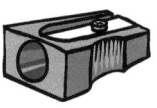

de Scharpmaker

pliiatsiteritaja

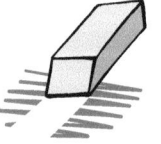

dat Radeergummi

kustukumm

de Tekenblock

joonistusplokk

de Teken

joonistus

de Pinsel

pintsel

de Malkassen

värvikarp

de Scheer

käärid

de Klever

liim

dat Heft to'n Öven

töövihik

de Huusopgaav

kodutöö

12

de Tall

number

2+2

tohooptellen

liitma

5-2

aftrecken

lahutama

2×2

malnehmen

korrutama

reken

arvutama

A

de Bookstaav

täht

ABCDEFG HIJKLMN OPQRSTU VWXYZ

dat ABC

tähestik

hello

dat Woort

sõna

de Text

tekst

lesen

lugema

de Kried

kriit

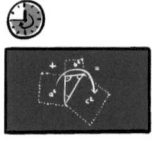

de Stunn

koolitund

dat Klassenbook

klassipäevik

de Pröven

eksam

dat Tüügnis

tunnistus

de Schooluniform

koolivorm

de Utbillen

haridus

dat Nakieksel

entsüklopeedia

de Universität

ülikool

dat Mikroskop

mikroskoop

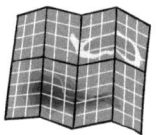

de Koort

kaart

de Papeerkorf

paberikorv

de Törn
reisimine

dat Hotel
hotell
Grand
de Harbarg
hostel
ROOMS
de Wesselstuuv
valuutavahetuspunkt
EXCHANGE
de Kuffer
kohver
dat Auto
auto

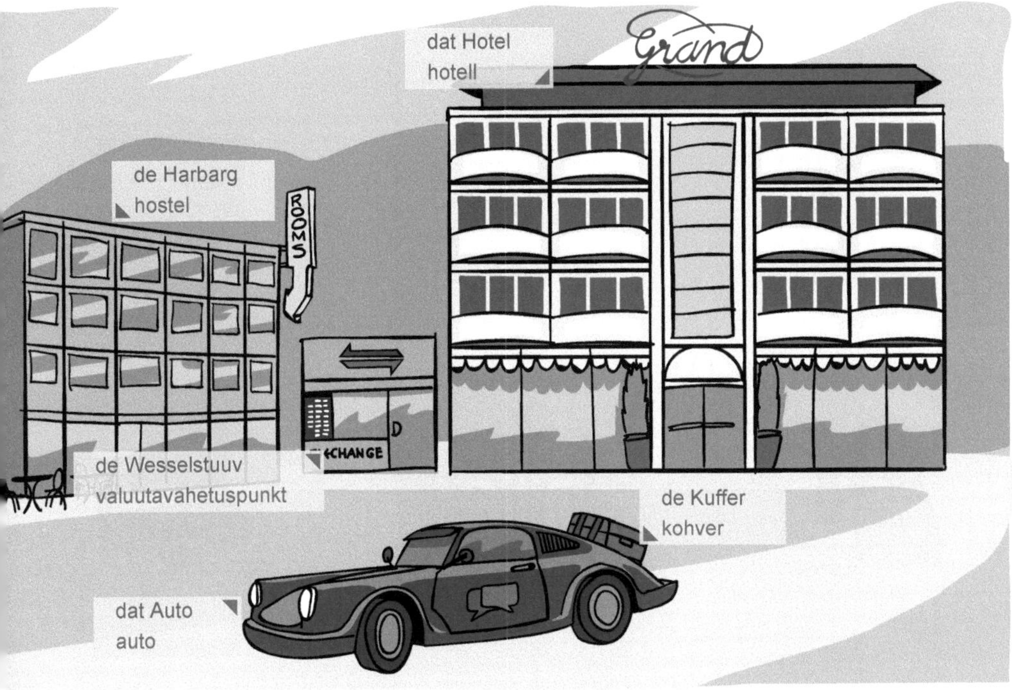

de Spraak
keel

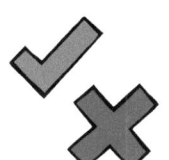

jo / ne
jah / ei

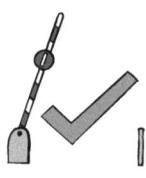

Jo
okei

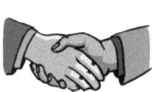

Moin
Tere!

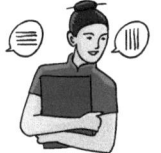

de Översetter
tõlk

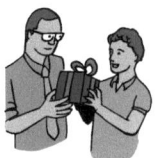

Dank ok
Aitäh!

Wat kost...?

Kui palju maksab ...?

Ik verstah nich

Ma ei saa aru

dat Problem

probleem

Goden Avend

Tere õhtust!

Moin!

Tere hommikust!

Gode Nacht!

Head ööd!

Tschüüs

Head aega!

de Richt

suund

de Bagaasch

pagas

de Tasch

kott

de Rüchsack

seljakott

de Gast

külaline

de Stuuv

tuba

de Slaapsack

magamiskott

dat Telt

telk

Touristeninformatschoon

turismiinfo

de Strand

rand

de Kreditkoort

krediitkaart

dat Fröhstück

hommikusöök

dat Meddageten

lõunasöök

dat Avendeten

õhtusöök

de Fohrkort

pilet

de Fohrstohl

lift

de Breefmark

postmark

de Grenz

riigipiir

de Toll

toll

de Bottschop

saatkond

dat Visum

viisa

de Pass

pass

de Transport
transport

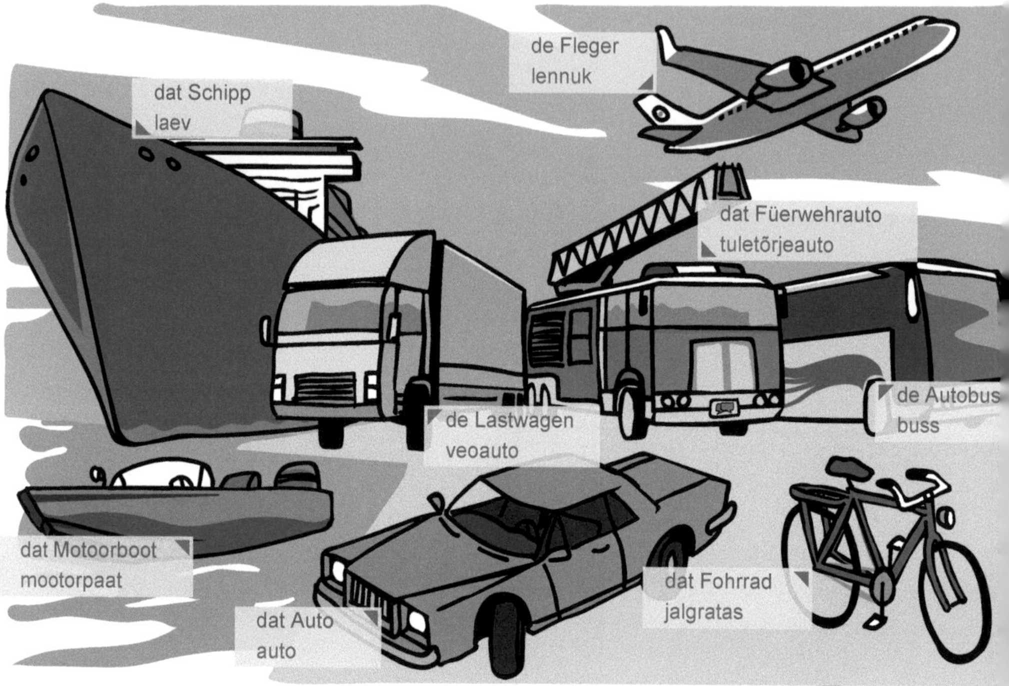
de Fleger
lennuk
dat Schipp
laev
dat Füerwehrauto
tuletõrjeauto
de Autobus
buss
de Lastwagen
veoauto
dat Motoorboot
mootorpaat
dat Fohrrad
jalgratas
dat Auto
auto

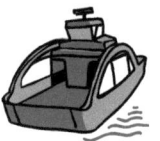

de Fähr

praam

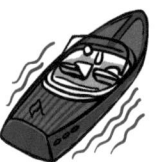

dat Boot

paat

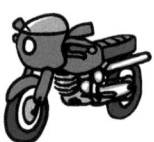

dat Motoorrad

mootorratas

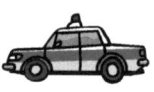

dat Polizeiauto

politseiauto

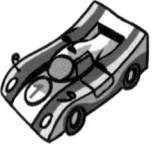

dat Rönnauto

võidusõiduauto

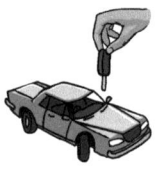

de Lehnwagen

rendiauto

dat Carsharing
ühisauto

de Afsleepwagen
puksiirauto

dat Müllauto
prügiauto

de Motoor
mootor

de Kraftstoff
kütus

de Tanksteed
tankla

dat Verkehrsschild
liiklusmärk

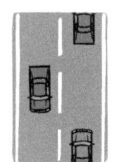

de Verkehr
liiklus

de Stau
liiklusummik

de Afstellplatz
parkla

de Bahnhoff
raudteejaam

de Sporen
rööpad

de Tog
rong

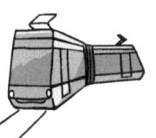

de Stratenbahn
tramm

de Wagon
vagun

de Dwarsmöhl

helikopter

de Flooghaven

lennujaam

de Tower

torn

de Fohrgast

reisija

de Grootkist

konteiner

de Karton

pappkast

de Koor

käru

de Korf

korv

starten / lannen

õhku tõusma / maanduma

de Stadt

linn

dat Dörp

küla

de Binnenstadt

kesklinn

dat Huus

maja

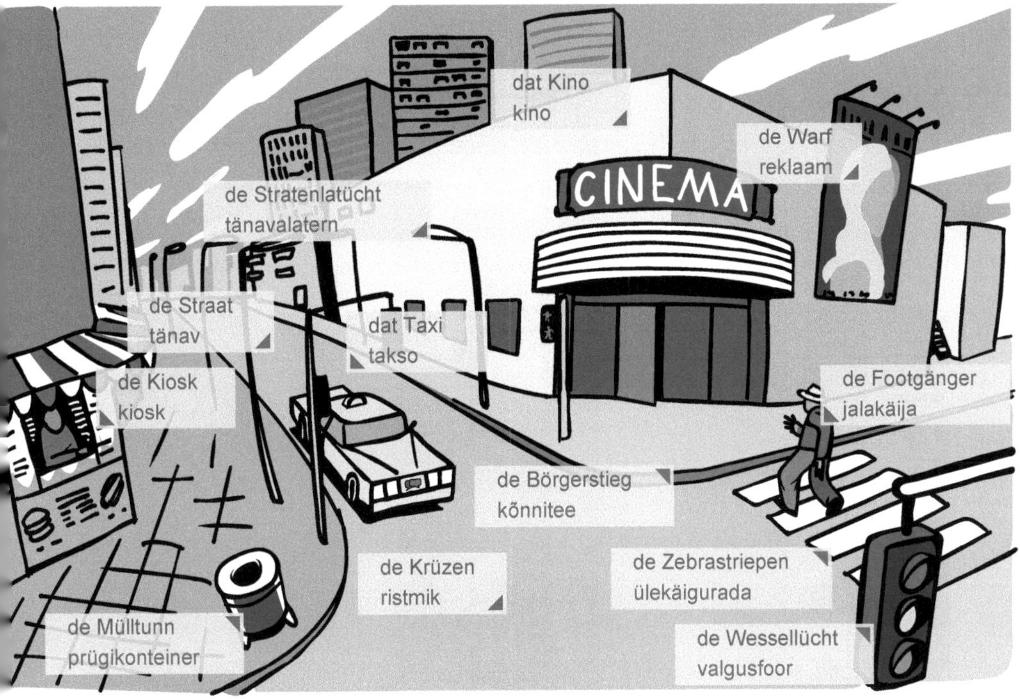

dat Kino
kino

de Warf
reklaam

de Stratenlatücht
tänavalatern

CINEMA

de Straat
tänav

dat Taxi
takso

de Footgänger
jalakäija

de Kiosk
kiosk

de Börgerstieg
kõnnitee

de Krüzen
ristmik

de Zebrastriepen
ülekäigurada

de Mülltunn
prügikonteiner

de Wessellücht
valgusfoor

de Hütt
osmik

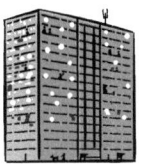

de Wahnung
kortermaja

de Bahnhoff
raudteejaam

dat Raathuus
raekoda

dat Museum
muuseum

de School
kool

de Stadt - linn

de Universität
ülikool

de Bank
pank

dat Krankenhuus
haigla

dat Hotel
hotell

de Afteek
apteek

dat Büro
kontor

de Bookhökerie
raamatupood

de Hökerie
kauplus

de Blomenhökerie
lillepood

de Supermarkt
supermarket

de Markt
turg

dat Koophuus
kaubamaja

de Fischhökerie
kalapood

dat Inkoopszentrum
kaubanduskeskus

de Haven
sadam

de Parkanlaag

park

de Bank

pink

de Brüch

sild

de Trepp

trepp

de Ünnergrundbahn

metroo

de Tunnel

tunnel

de Busstoppsteed

bussipeatus

de Bar

baar

dat Spieslokal

restoran

de Breefkassen

postkast

dat Stratenschild

tänavasilt

de Parkklock

parkimisautomaat

de Deertenpark

loomaaed

de Baadanstalt

ujula

de Moschee

mošee

de Buernhoff

talu

de Ümweltversmudden

reostus

de Karkhoff

surnuaed

de Kark

kirik

de Speelplatz

mänguväljak

de Tempel

tempel

de Landschop
maastik

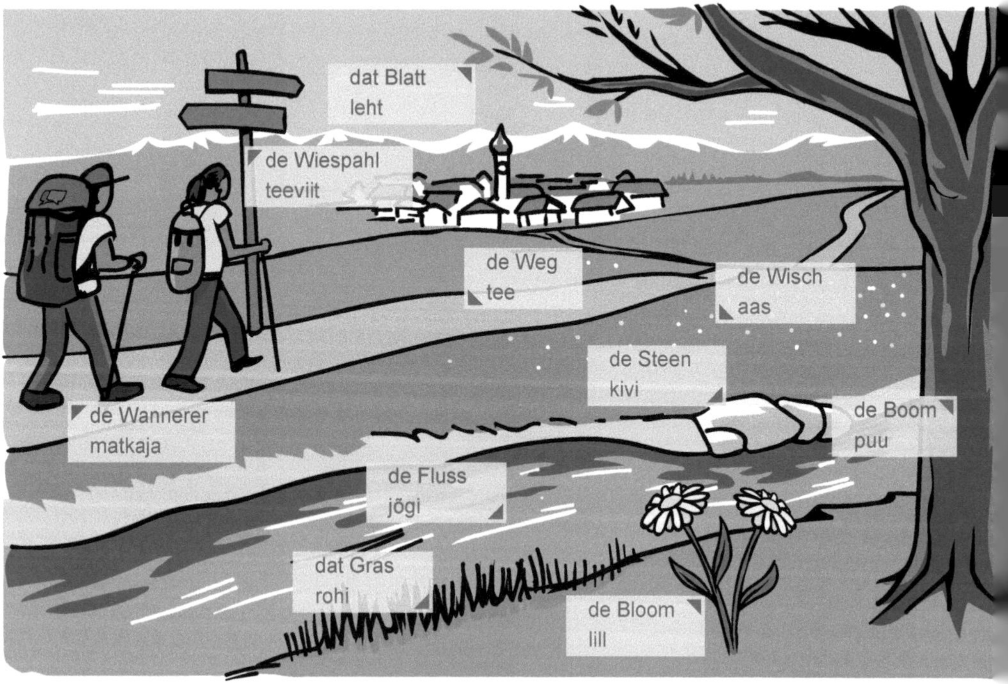

dat Blatt
leht

de Wiespahl
teeviit

de Weg
tee

de Wisch
aas

de Steen
kivi

de Boom
puu

de Wannerer
matkaja

de Fluss
jõgi

dat Gras
rohi

de Bloom
lill

dat Daal

org

de Barg

mägi

de See

järv

dat Holt

mets

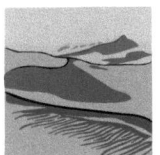

de Wööst

kõrb

de Füerspien Barg

vulkaan

dat Slott

linnus

de Regenbagen

vikerkaar

de Poggenstohl

seen

de Palm

palm

de Steekmück

sääsk

de Fleeg

kärbes

de Miegeemk

sipelgas

de Imm

mesilane

de Spinn

ämblik

de Sebber

mardikas

de Pogg

konn

de Katteker

orav

de Swienegel

siil

de Haas

jänes

de Uul

öökull

de Vagel

lind

de Swaan

luik

dat Wildswien

metssiga

de Hirsch

hirv

de Elk

põder

de Staudamm

pais

dat Windrad

tuuleturbiin

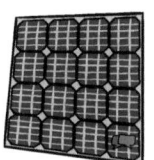

dat Solarmodul

päikesepaneel

dat Klima

kliima

dat Spieslokal
restoran

de Kellner
kelner
de Spieskoort
menüü
de Stohl
tool
de Supp
supp
de Pizza
pitsa
dat Bestick
söögiriistad
de Dischdeek
laudlina

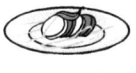

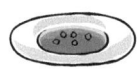

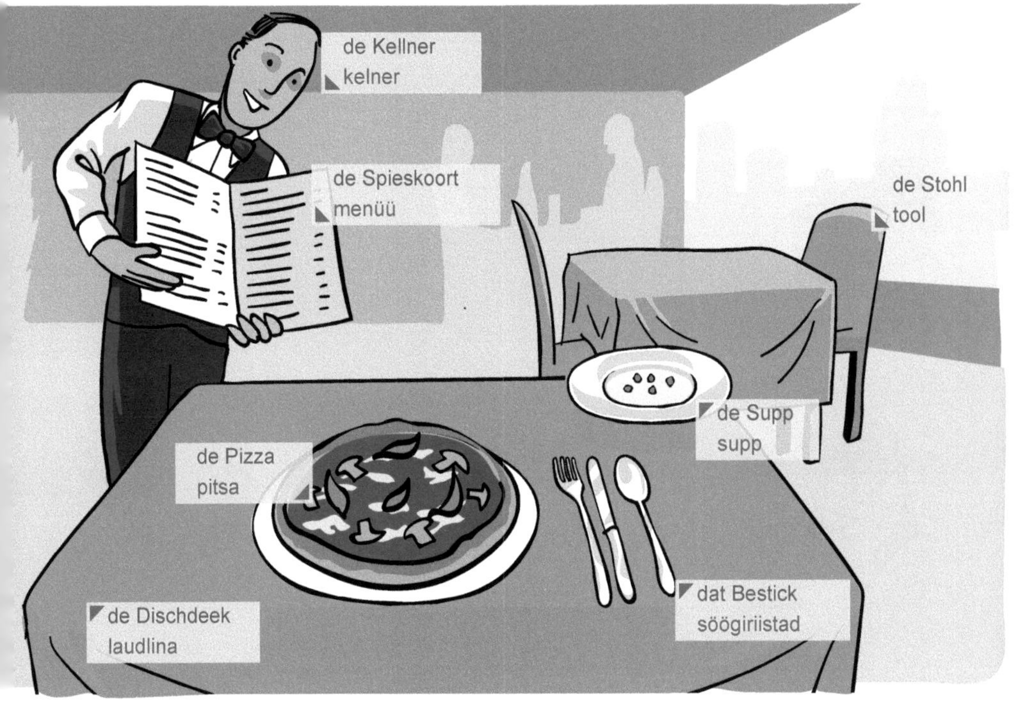

de Vörspies

eelroog

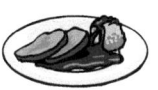

dat Haupteten

pearoog

de Nadisch

magustoit

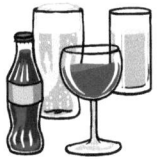

de Drünk

joogid

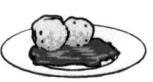

dat Eten

toit

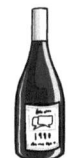

de Buddel

pudel

dat Fastfood
kiirtoit

dat Strateneten
tänavatoit

de Teekann
teekann

de Zuckerdoos
suhkrutoos

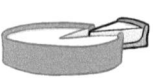

de Portschoon
portsjon

de Espressomaschien
espressomasin

de Hoochstohl
lastetool

de Reken
arve

dat Tablett
kandik

dat Mess
nuga

de Gavel
kahvel

de Lepel
lusikas

de Teelepel
teelusikas

dat Munddook
salvrätik

dat Glas
klaas

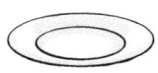

de Töller

taldrik

de Suppentöller

supitaldrik

de Ünnertass

alustass

de Sooß

kaste

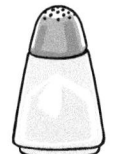

de Soltstreuer

soolatoos

de Pepermöhl

pipraveski

de Etig

äädikas

dat Ööl

õli

de Krüder

vürtsid

de Ketchup

ketšup

de Mostrich

sinep

de Mayonnaise

majonees

de Supermarkt
supermarket

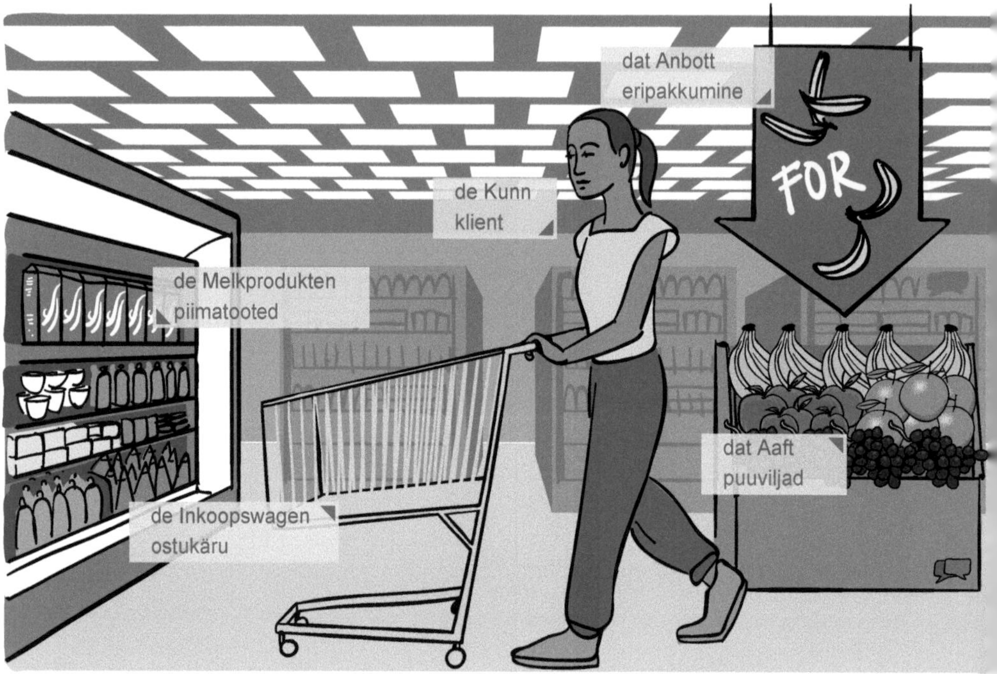

dat Anbott
eripakkumine
FOR
de Kunn
klient
de Melkprodukten
piimatooted
dat Aaft
puuviljad
de Inkoopswagen
ostukäru

BUTCHERS

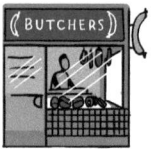

de Slachterie

lihapood

BAKERY

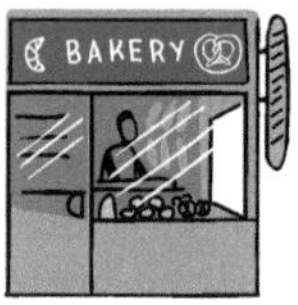

de Bäckerie

pagariäri

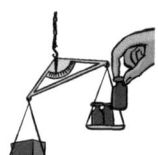

wegen

kaaluma

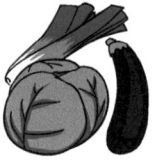

de Gröönsaken

köögiviljad

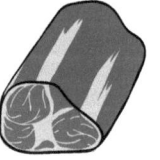

dat Fleesch

liha

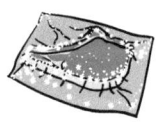

de Deepköhlkost

külmutatud toit

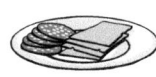

de Opsnitt

lihalõigud

de Konserven

konservid

de Waschmiddel

pesupulber

de Snoopkraam

maiustused

de Huushooltssaken

majatarbed

de Reinmaaktüüch

puhastustooted

de Verköpersche

müüja

de Kass

kassaaparaat

de Kasserer

kassapidaja

de Inkoopslist

ostunimekiri

de Opsparrtieden

lahtiolekuajad

de Breeftasch

rahakott

de Kreditkoort

krediitkaart

de Tasch

kott

de Plastiktüüt

kilekott

dat Water

vesi

de Saft

mahl

de Melk

piim

de Cola

koola

de Wien

vein

dat Beer

õlu

de Spriet

alkohol

de Kakao

kakao

de Tee

tee

de Koffie

kohv

de Espresso

espresso

de Cappucino

cappuccino

de Banaan

banaan

de Appel

õun

de Appelsien

apelsin

de Meloon

arbuus

de Zitroon

sidrun

de Wöttel

porgand

de Knuuvlook

küüslauk

de Bambus

bambus

de Zibbel

sibul

de Poggenstohl

seen

de Nööt

pähklid

de Nudeln

nuudlid

de Spaghetti

spagetid

de Ries

riis

de Salat

salat

de Pommes frites

friikartulid

de Braadkantüffeln

praekartulid

de Pizza

pitsa

de Hamborger

hamburger

dat Sandwich

võileib

dat Snitzel

šnitsel

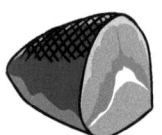

de Schinken

sink

de Salami

salaami

de Wust

vorst

dat Hohn

kana

de Braden

praeliha

de Fisch

kala

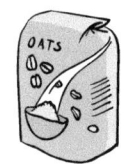

de Haverflocken

kaerahelbed

dat Müsli

müsli

de Cornflakes

maisihelbed

dat Mehl

jahu

de Croissant

sarvesai

dat Rundstück

kukkel

dat Broot

leib

dat Toast

röstsai

de Keksen

küpsised

de Botter

või

de Quark

kohupiim

de Koken

kook

dat Ei

muna

dat Spegelei

praemuna

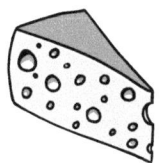

de Kees

juust

de Ies

jäätis

de Zucker

suhkur

de Honnig

mesi

de Marmelaad

moos

de Nougat-Creme

pähklivõie

dat Curry

karri

de Buernhoff

talu

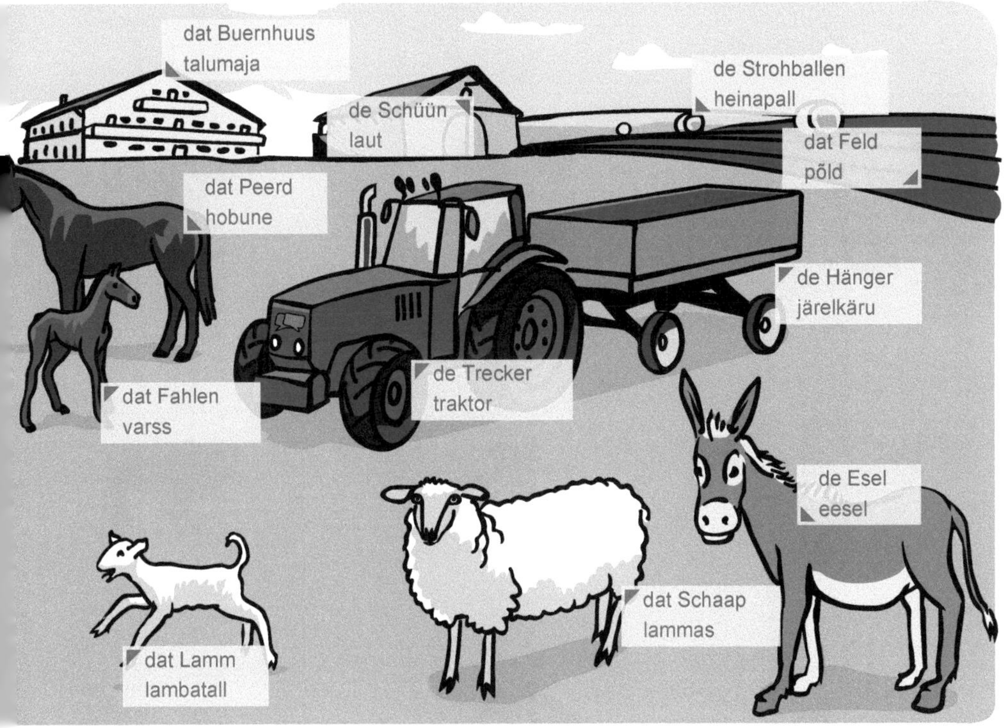
dat Buernhuus
talumaja
de Schüün
laut
de Strohballen
heinapall
dat Feld
põld
dat Peerd
hobune
de Hänger
järelkäru
de Trecker
traktor
dat Fahlen
varss
de Esel
eesel
dat Schaap
lammas
dat Lamm
lambatall

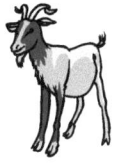

de Zeeg

kits

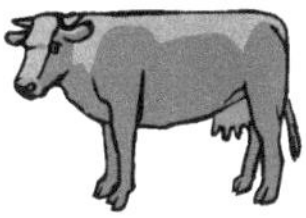

de Koh

lehm

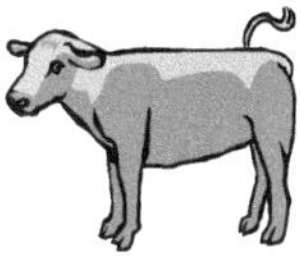

dat Kalf

vasikas

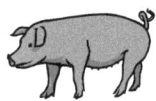

dat Swien

siga

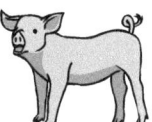

dat Farken

põrsas

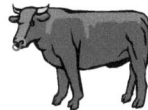

de Bull

pull

de Goos

hani

de Aant

part

dat Küken

tibu

dat Hohn

kana

de Hahn

kukk

de Rott

rott

de Katt

kass

de Muus

hiir

de Oss

härg

de Hund

koer

de Hunnenhütt

koerakuut

de Goornslauch

aiavoolik

de Geetkann

kastekann

de Lee

vikat

de Ploog

ader

de Sich

sirp

de Hack

kõblas

de Mestfork

hang

de Ext

kirves

de Schuufkoor

käru

de Trog

küna

de Melkkann

piimanõu

de Sack

kott

de Tuun

tara

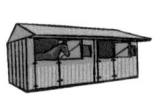

de Stall

tall

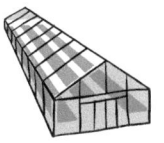

dat Drievhuus

kasvuhoone

de Bodden

muld

de Saat

seeme

de Dünger

väetis

de Meihdöscher

kombain

oornen

saaki koristama

de Oorn

saagikoristus

de Yamswöttel

jamss

de Weten

nisu

dat Soja

soja

de Kantüffel

kartul

de Törksche Weten

mais

de Rapp

raps

de Aaftboom

viljapuu

de Troopsch Kantüffel

maniokk

dat Koorn

teravili

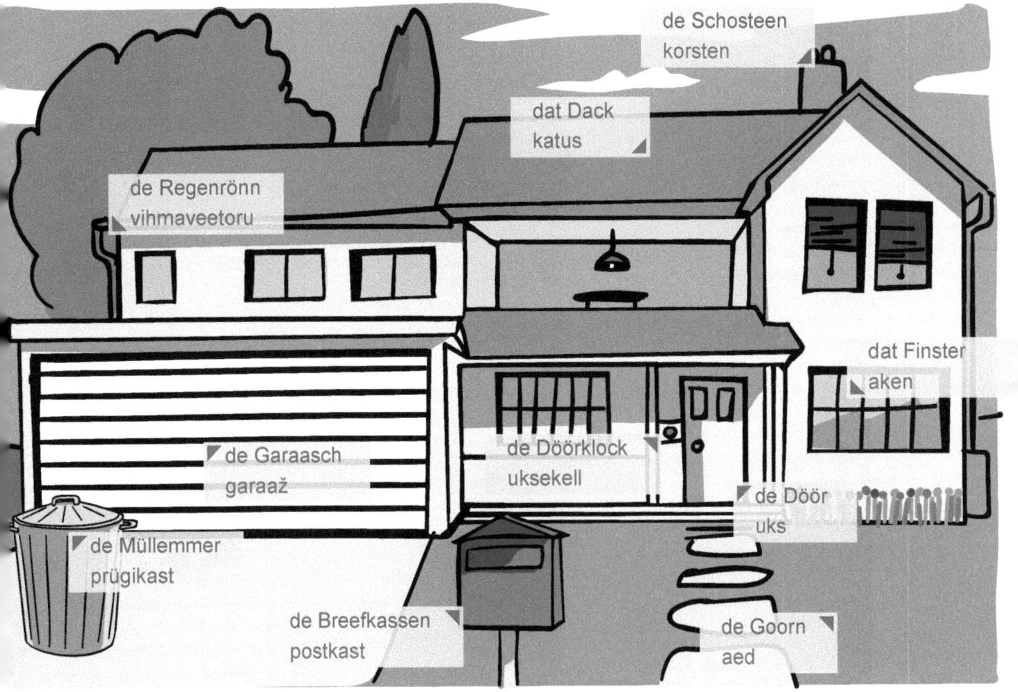

de Schosteen
korsten

dat Dack
katus

de Regenrönn
vihmaveetoru

dat Finster
aken

de Garaasch
garaaž

de Döörklock
uksekell

de Döör
uks

de Müllemmer
prügikast

de Breefkassen
postkast

de Goorn
aed

de Wahnstuuv

elutuba

de Baadstuuv

vannituba

de Köök

köök

de Slaapstuuv

magamistuba

de Kinnerstuuv

lastetuba

de Eetstuuv

söögituba

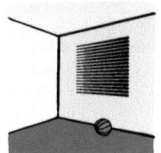

de Footbodden

põrand

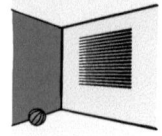

de Wand

sein

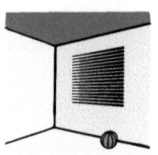

de Deek

lagi

de Keller

kelder

dat Hittluftbad

saun

de Balkon

rõdu

de Terrass

terrass

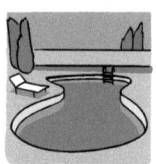

dat Swümmbad

bassein

de Rasenmeiher

muruniiduk

de Bettbetog

voodilina

de Bettdeek

päevatekk

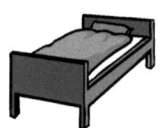

de Puuch

voodi

de Bessen

luud

de Emmer

ämber

de Schalter

lüliti

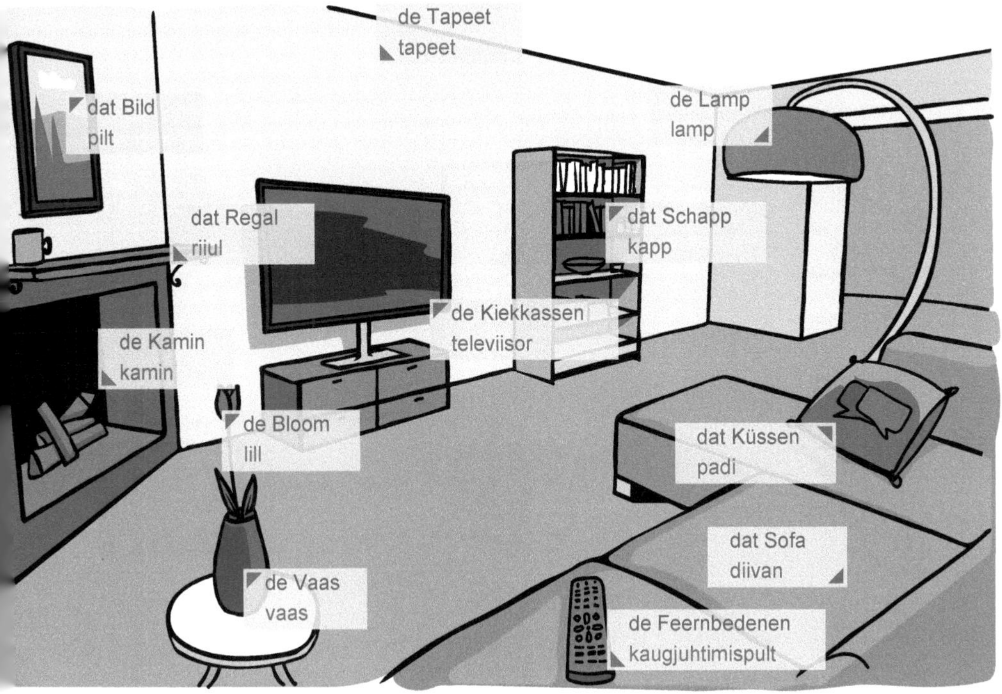

de Tapeet
tapeet

dat Bild
pilt

de Lamp
lamp

dat Regal
riiul

dat Schapp
kapp

de Kamin
kamin

de Kiekkassen
televiisor

de Bloom
lill

dat Küssen
padi

dat Sofa
diivan

de Vaas
vaas

de Feernbedenen
kaugjuhtimispult

de Teppich
vaip

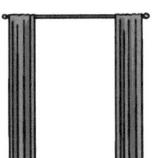

de Vörhang
kardin

de Disch
laud

de Stohl
tool

de Schuckelstohl
kiiktool

de Sessel
tugitool

dat Book

raamat

de Deek

tekk

de Dekoratschoon

kaunistus

dat Füerholt

küttepuud

de Film

film

de Stereoanlaag

helisüsteem

de Slötel

võti

dat Narichtenblatt

ajaleht

dat Gemälde

maal

dat Poster

plakat

dat Radio

raadio

de Opschrievblock

märkmik

de Huulbessen

tolmuimeja

de Kaktus

kaktus

de Kars

küünal

de Köök
köök

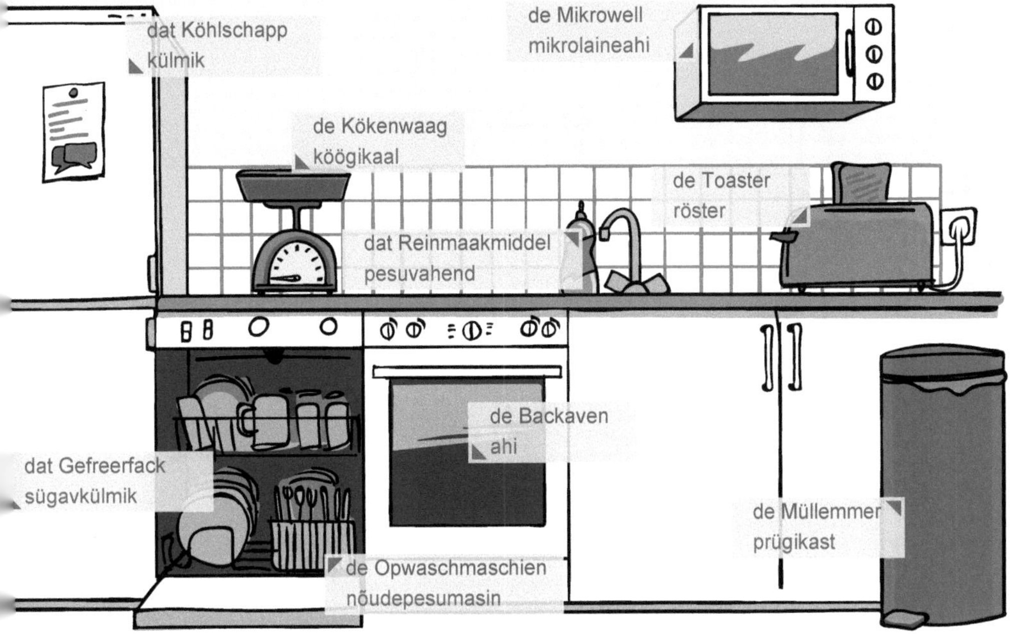

dat Köhlschapp
külmik
de Mikrowell
mikrolaineahi
de Kökenwaag
köögikaal
de Toaster
röster
dat Reinmaakmiddel
pesuvahend
de Backaven
ahi
dat Gefreerfack
sügavkülmik
de Müllemmer
prügikast
de Opwaschmaschien
nõudepesumasin

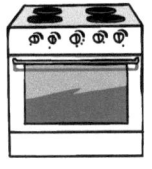

de Heerd

pliit

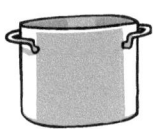

de Pott

pott

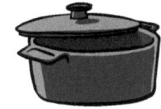

de Gussiesern Putt

malmpott

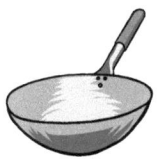

de Wok / Kadai

vokkpann

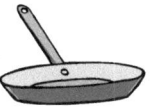

de Pann

pann

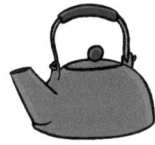

de Waterkaker

veekeetja

de Dampkaakputt

aurutaja

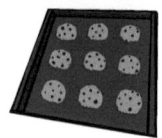

dat Backblick

küpsetusplaat

dat Geschirr

lauanõud

de Beker

kruus

de Schaal

kauss

de Eetsticken

söögipulgad

de Suppenkell

kulp

de Pannenwenner

pannilabidas

de Sneebessen

vispel

dat Kaakseef

kurn

dat Seef

sõel

de Riev

riiv

de Mörser

uhmer

de Grill

grill

de Füerstell

lahtine tuli

dat Sniedbrett

lõikelaud

dat Nudelholt

tainarull

de Proppentrecker

korgitser

de Doos

konservipurk

de Dosenaapner

konserviavaja

de Pottlappen

pajakinnas

dat Waschbecken

kraanikauss

de Böst

hari

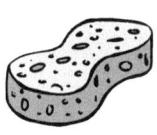

de Swamm

pesukäsn

de Mixer

kannmikser

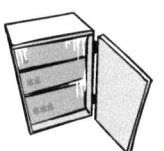

dat Iesschapp

sügavkülmuti

de Nuckelbuddel

lutipudel

de Waterhahn

segisti

de Baadstuuv

vannituba

de Heizung
küte
de Bruus
dušš
dat Handdook
käterätik
de Bruusvörhang
dušikardin
dat Schuumbad
mullivann
de Baadwann
vann
dat Glas
klaas
de Waschmaschien
pesumasin
de Waterhahn
segisti
de Fliesen
plaadid
de lütte Putt
pissipott
dat Waschbecken
kraanikauss

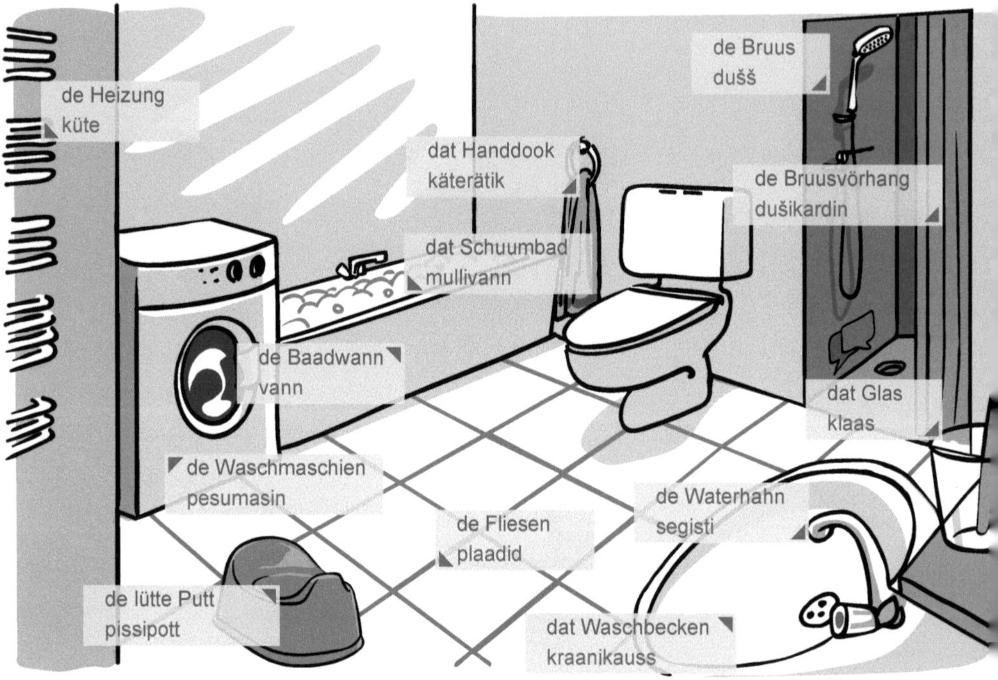

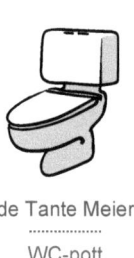

de Tante Meier

WC-pott

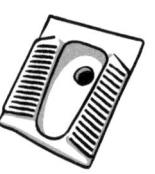

de Hockklo

kükitamistualett

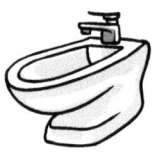

dat Bidet

bidee

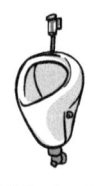

dat Miegbecken

pissuaar

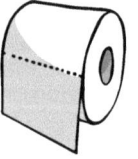

dat Klopapeer

tualettpaber

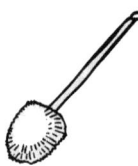

de Kloböst

WC-hari

de Tähnböst

hambahari

de Tähnpast

hambapasta

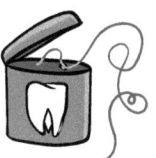

de Tähnsied

hambaniit

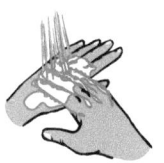

waschen

pesema

de Handbruus

käsidušš

de Intimbruus

intiimdušš

de Waschschöttel

pesukauss

de Rüchböst

seljahari

de Seep

seep

dat Bruusgeel

dušigeel

dat Hoorwaschmiddel

šampoon

de Waschlappen

vamm

de Afloop

äravool

de Creme

kreem

dat Deodorant

deodorant

de Spegel
peegel

de Kosmetikspegel
käsipeegel

de Raserer
habemenuga

de Raseerschuum
raseerimisvaht

dat Raseerwater
habemevesi

de Kamm
kamm

de Böst
hari

de Hoordröger
föön

dat Hoorspray
juukselakk

de Smink
meigikomplekt

de Lippensticken
huulepulk

de Nagellack
küünelakk

de Watt
vatt

de Nagelscheer
küünekäärid

dat Rüükwater
parfüüm

de Kulturbüdel

tualett-tarvete kott

de Schemel

taburet

de Waag

kaal

de Baadmantel

hommikumantel

de Gummihanschen

kummikindad

de Tampon

tampoon

de Damenbinn

hügieeniside

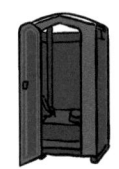

dat Chemieklo

keemiline tualett

de Kinnerstuuv
lastetuba

de Wecker
äratuskell
dat Knudeldeert
pehme mänguasi
dat Speeltüüchauto
mänguauto
de Klöter
kõristi
dat Poppenhuus
nukumaja
dat Geschenk
kingitus

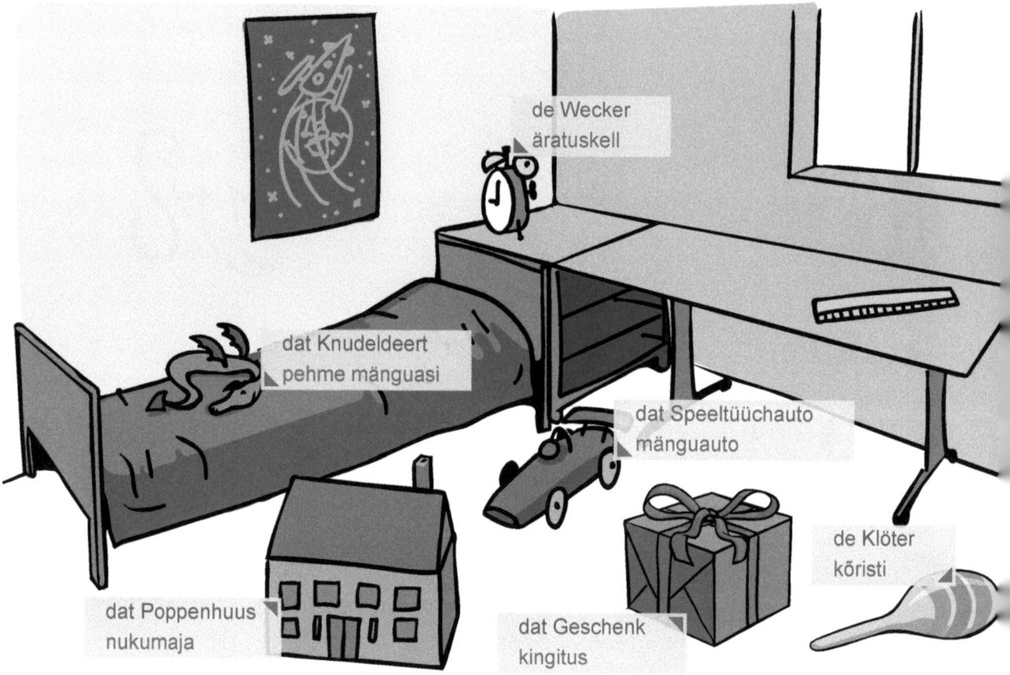

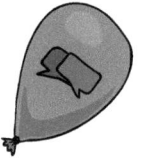

de Luftballon

õhupall

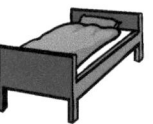

de Puuch

voodi

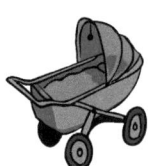

de Kinnerwagen

lapsevanker

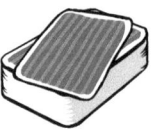

dat Koortenspeel

kaardipakk

dat Puzzle

pusle

SUPER
MEGA

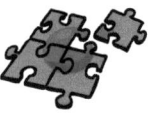

de Billergeschicht

koomiks

de Legostenen

Lego klotsid

de Bustenen

klotsid

de Action-Figur

kujuke

de Strampelantog

siputuspüksid

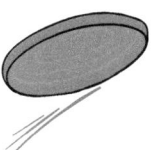

de Frisbeeschiev

lendav taldrik

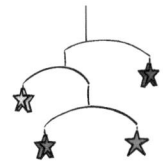

dat Mobile

voodikarussell

dat Brettspeel

lauamäng

de Wörpel

täringud

de Modelliesenbahn

mudelrong

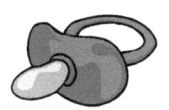

de Snuller

lutt

de Party

pidu

dat Billerbook

pildiraamat

de Ball

pall

de Popp

nukk

spelen

mängima

de Sandkassen

liivakast

de Schuckel

kiik

dat Speeltüüch

mänguasjad

de Speelkonsool

mängukonsool

dat Dreerad

kolmerattaline jalgratas

de Teddyboor

mängukaru

dat Klederschapp

riidekapp

dat Tüüch

riietus

de Socken

sokid

de Strümp

sukad

de Strumpbüx

sukkpüksid

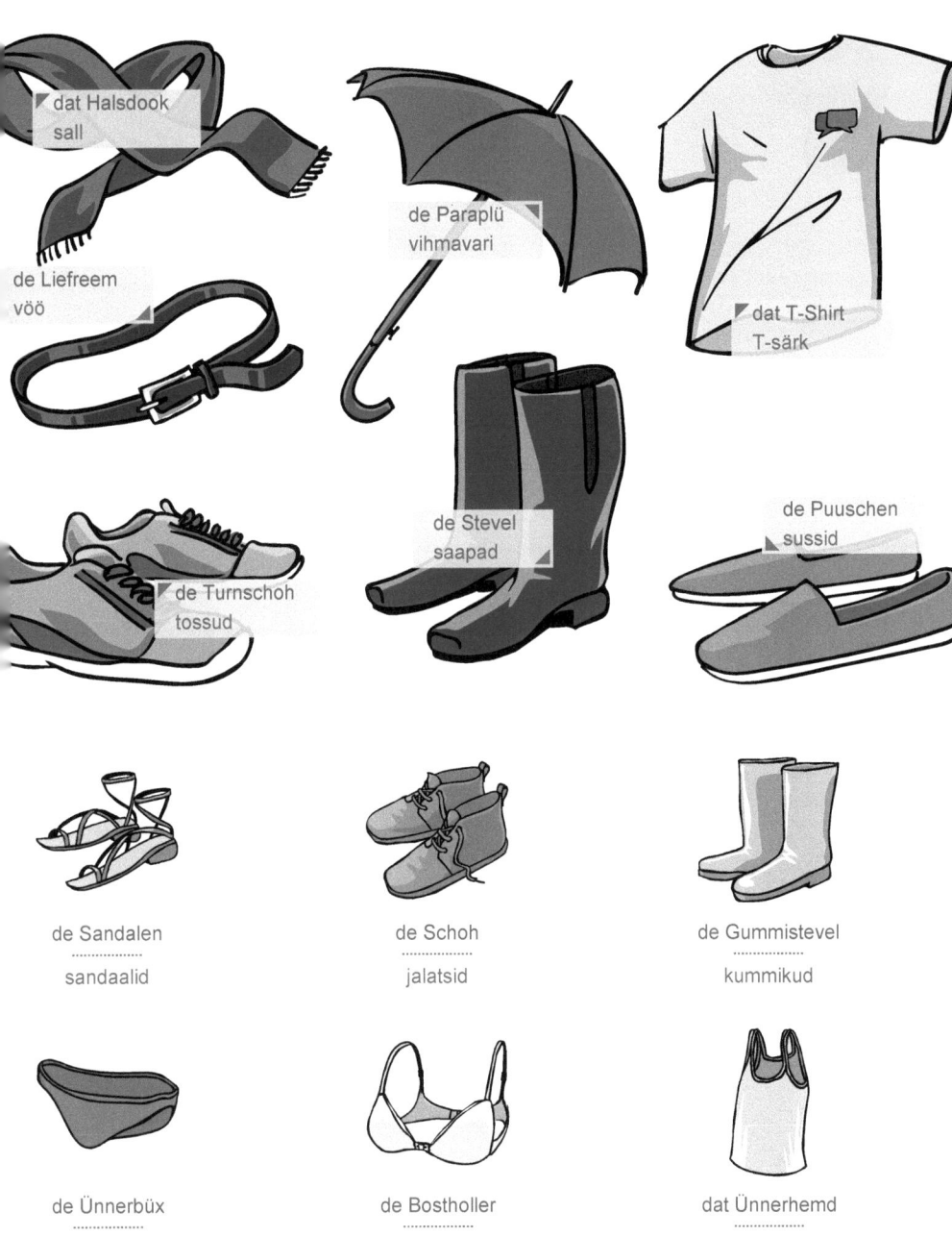

dat Halsdook
sall

de Paraplü
vihmavari

dat T-Shirt
T-särk

de Liefreem
vöö

de Stevel
saapad

de Puuschen
sussid

de Turnschoh
tossud

de Sandalen
....
sandaalid

de Schoh
....
jalatsid

de Gummistevel
....
kummikud

de Ünnerbüx
....
aluspüksid

de Bostholler
....
rinnahoidja

dat Ünnerhemd
....
vest

de Lief

bodi

de Büx

püksid

de Jeansnüx

teksapüksid

de Rock

seelik

de Bluus

pluus

dat Hemd

särk

de Pullover

sviiter

de Kapuzenpullover

dressipluus

de Blazer

bleiser

de Jack

jakk

de Mantel

mantel

de Övertrecker

vihmamantel

dat Kostüm

kostüüm

dat Kleed

kleit

dat Hochtietskleed

pulmakleit

de Antog

ülikond

dat Nachtkleed

öösärk

de Slaapantog

pidžaama

de Sari

sari

dat Koppdook

pearätt

de Turban

turban

de Burka

burka

de Kaftan

kaftan

de Abaya

abayah

de Baadantog

ujumistrikoo

de Baadbüx

ujumispüksid

de Korte Büx

lühikesed püksid

de Antog to'n Öven

dressid

de Schört

põll

de Handschoh

kindad

de Knopp

nööp

de Brill

prillid

dat Armband

käevõru

de Halskeed

kaelakee

de Ring

sõrmus

de Ohrbummel

kõrvarõngas

de Mütz

nokamüts

de Klederbögel

riidepuu

de Hoot

kaabu

de Binner

lips

de Rietslüter

tõmblukk

de Helm

kiiver

dat Drachtband

traksid

de Schooluniform

koolivorm

de Uniform

vormirõivad

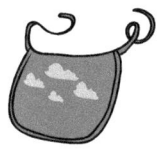

de Severböten

pudipõll

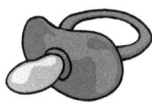

de Snuller

lutt

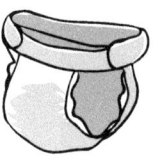

de Winnel

mähe

dat Büro

kontor

de Server
server
dat Aktenschapp
arhiivikapp
de Drucker
printer
t Papeer
ber
de Bildschirm
monitor
de Schrievdisch
kirjutuslaud
de Muus
hiir
de Orner
kaust
dat Knoopboord
klaviatuur
de Papeerkorf
paberikorv
de Computer
arvuti
de Stohl
tool

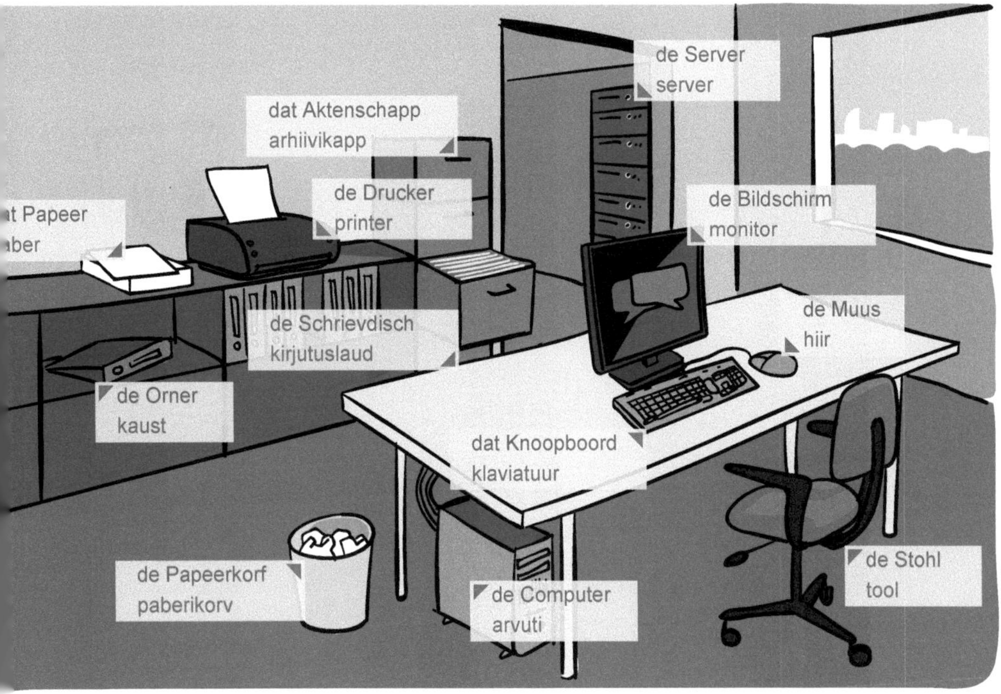

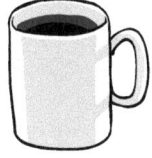

de Koffiebeker

kohvikruus

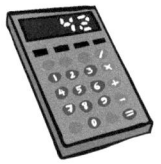

de Taschenreekner

kalkulaator

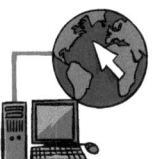

dat Internet

internet

de Klappreekner

sülearvuti

de Breef

kiri

de Naricht

sõnum

de Ackersnacker

mobiiltelefon

dat Nettwark

võrk

de Kopeerapparat

koopiamasin

de Software

tarkvara

de Klöönkassen

telefon

de Steekdoos

pistikupesa

de Faxapparat

faksimasin

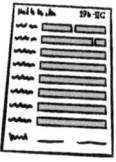

dat Formulor

vorm

dat Dokument

dokument

köpen

ostma

betahlen

maksma

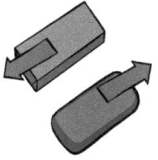

hanneln

vahetama

dat Geld

raha

de Dollar

dollar

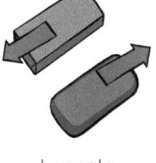

de Euro

euro

de Yen

jeen

de Ruvel

rubla

de Swiezer Franken

Šveitsi frank

de Renminbi Yuan

renminbi jüaan

de Rupie

ruupia

de Geldautomat

sularahaautomaat

de Wesselstuuv

valuutavahetuspunkt

dat Gold

kuld

dat Sülver

hõbe

dat Ööl

nafta

de Energie

energia

de Pries

hind

de Verdrag

leping

de Stüer

maks

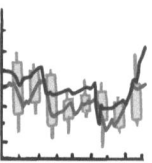

de Andeelschien

aktsia

arbeiden

töötama

de Anstellte

töötaja

de Arbeitgever

tööandja

de Fabrik

tehas

de Hökerie

kauplus

de Profeschonen
ametid

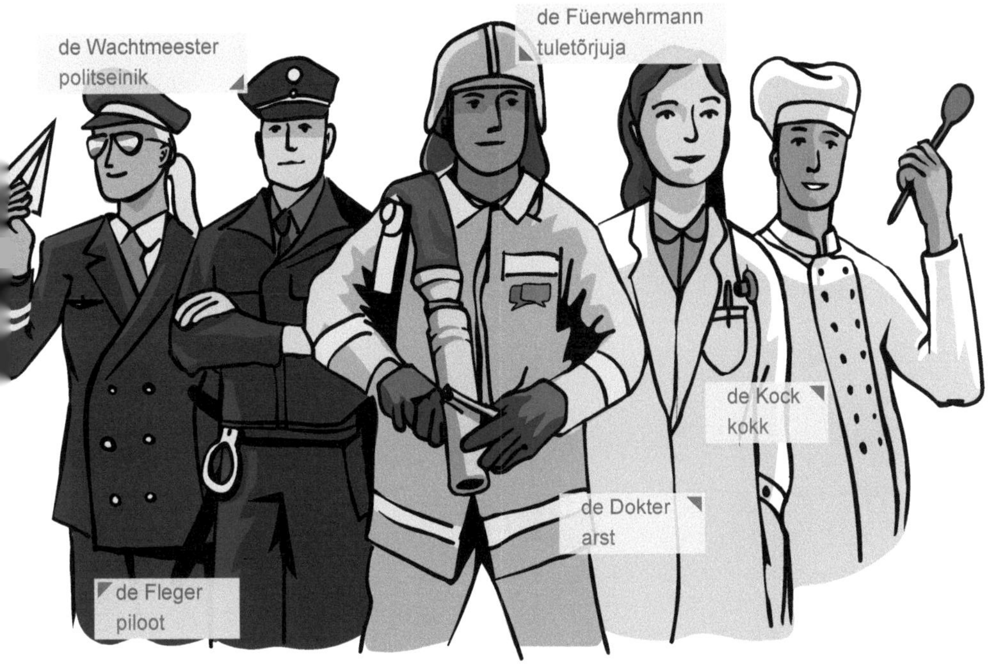

de Wachtmeester
politseinik
de Füerwehrmann
tuletõrjuja
de Kock
kokk
de Dokter
arst
de Fleger
piloot

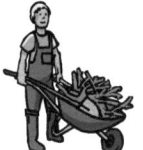

de Goorner
aednik

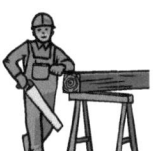

de Discher
puusepp

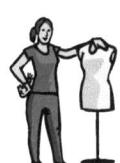

de Neihersche
õmbleja

de Richter
kohtunik

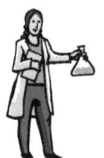

de Chemiker
keemik

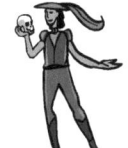

de Schauspeler
näitleja

de Busfohrer

bussijuht

de Taxifohrer

taksojuht

de Fischer

kalamees

de Reinmaakfru

koristaja

de Dackdecker

katusepaigaldaja

de Kellner

kelner

de Jäger

jahimees

de Maler

maaler

de Bäcker

pagar

de Elektriker

elektrik

de Buarbeider

ehitaja

de Ingenieur

insener

de Slachter

lihunik

de Klempner

torumees

de Postbüdel

postiljon

de Profeschonen - ametid

de Suldat
sõdur

de Architekt
arhitekt

de Kasserer
kassapidaja

de Florist
lillemüüja

de Putzbüdel
juuksur

de Schaffner
piletikontrolör

de Mechaniker
mehaanik

de Kaptein
kapten

de Tähndokter
hambaarst

de Wetenschopler
teadlane

de Rabbi
rabi

de Imam
imaam

de Mönk
munk

de Paap
preester

dat Warktüüch
tööriistad

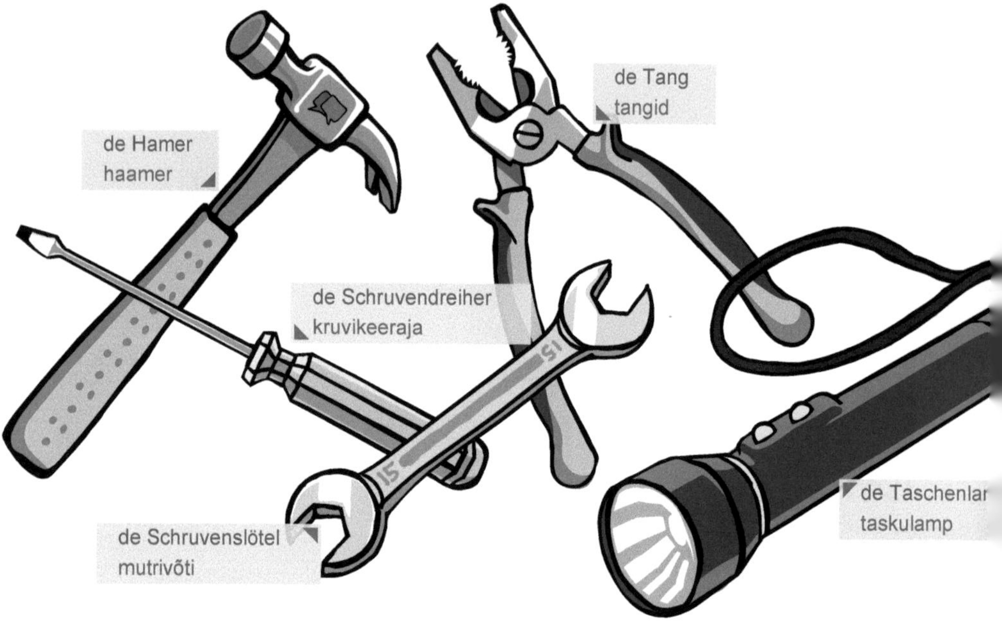

de Hamer
haamer
de Tang
tangid
de Schruvendreiher
kruvikeeraja
de Schruvenslötel
mutrivõti
de Taschenla
taskulamp

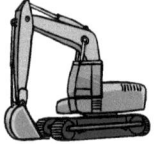

de Grieper

ekskavaator

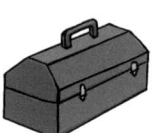

de Warktüüchkassen

tööriistakast

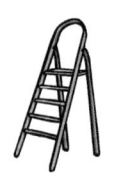

de Ledder

redel

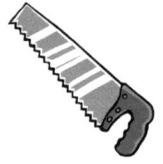

de Saag

saag

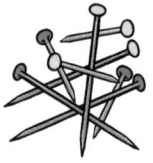

de Nagels

naelad

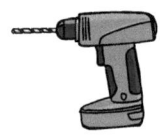

de Bohrer

trell

heelmaken
....
parandama

de Schüffel
....
labidas

Schiet!
....
Põrgusse!

dat Kehrblick
....
kühvel

de Farvpott
....
värvipott

de Schruven
....
kruvid

de Musikinstrumenten
pillid

de Luutsnacker
kõlar

dat Slagtüüch
trummikomplekt

de Rietfiedel
kitarr

de Bass-Vigelien
kontrabass

de Trumpeet
trompet

dat Klaveer

klaver

de Vigelien

viiul

de Bass

bass

de Pauk

timpan

de Trummeln

trummid

dat Keyboard

süntesaator

dat Saxophon

saksofon

de Fleut

flööt

dat Mikrofoon

mikrofon

de Deertenpark

loomaaed

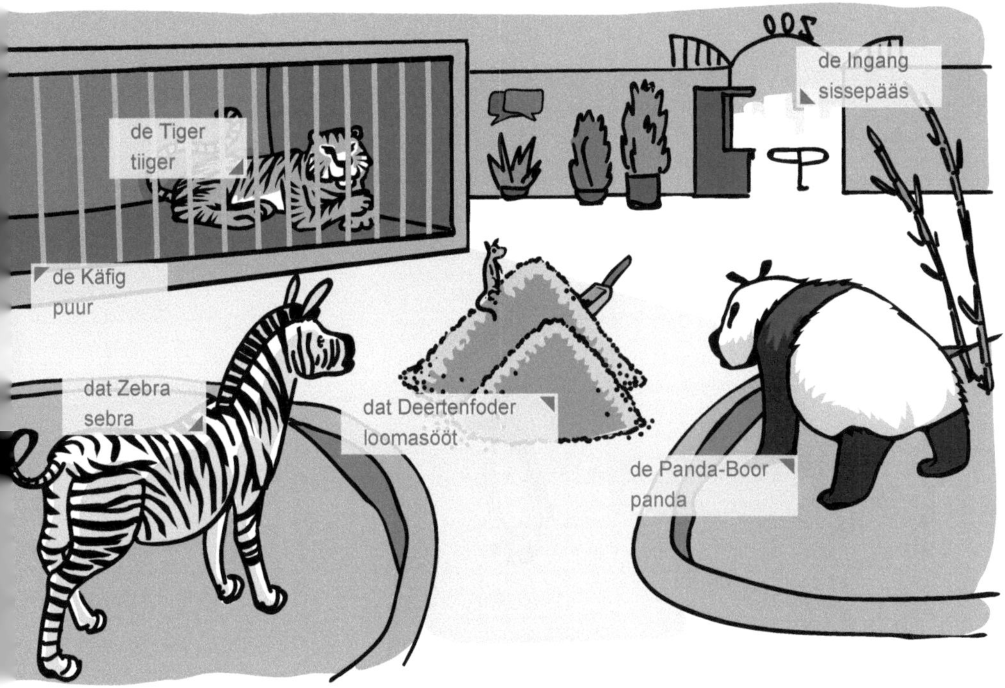
de Ingang
sissepääs
de Tiger
tiiger
de Käfig
puur
dat Zebra
sebra
dat Deertenfoder
loomasööt
de Panda-Boor
panda

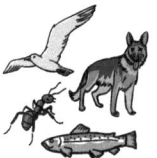

de Deerten

loomad

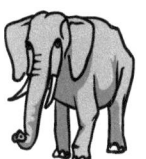

de Elefant

elevant

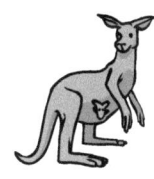

dat Känguru

känguru

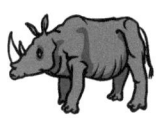

dat Neeshoorn

ninasarvik

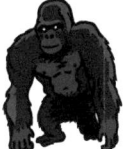

de Gorilla

gorilla

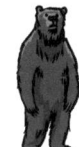

de Boor

karu

dat Kameel

kaamel

de Struuß

jaanalind

de Lööv

lõvi

de Aap

ahv

de Flamingo

flamingo

de Papagoi

papagoi

de Iesboor

jääkaru

de Pinguin

pingviin

de Haifisch

hai

de Pageluun

paabulind

de Slang

madu

dat Krokodil

krokodill

de Oppasser in'n
Deertenpark
loomaaiatalitaja

de Saalhund

hüljes

de Jaguor

jaaguar

dat Pony
poni

de Leopard
leopard

dat Nilpeerd
jõehobu

de Giraff
kaelkirjak

de Aadler
kotkas

dat Wildswien
metssiga

de Fisch
kala

de Schildkrööt
kilpkonn

dat Walross
morsk

de Voss
rebane

de Gazell
gasell

de Amerikaansch Football
Ameerika jalgpall

dat Radfohren
jalgrattasõit

dat Tennis
tennis

de Korfball
korvpall

dat Swümmen
ujumine

dat Boxen
poksimine

dat Ieshockey
jäähoki

de Football
jalgpall

dat Fedderball
sulgpall

de Leichtathletik
kergejõustik

de Handball
käsipall

dat Skilopen
suusatamine

dat Polo
polo

lachen
naerma

springen
hüppama

ümarmen
kallistama

gahn
jalutama

singen
laulma

drömen
unistama

beden
palvetama

snuteln
suudlema

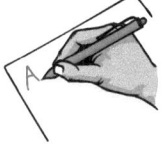

schrieven
kirjutama

teken
joonistama

wiesen
näitama

drücken
lükkama

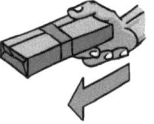

geven
andma

nehmen
võtma

hebben
omama

doon
tegema

sien
olema

stahn
seisma

lopen
jooksma

trecken
tõmbama

smieten
viskama

fallen
kukkuma

liggen
lamama

töven
ootama

dregen
kandma

sitten
istuma

antrecken
riidesse panema

slapen
magama

opwaken
ärkama

ankieken

vaatama

wenen

nutma

eien

paitama

kämmen

kammima

snacken

rääkima

verstahn

aru saama

fragen

küsima

hören

kuulama

drinken

jooma

eten

sööma

oprümen

korrastama

leefhebben

armastama

kaken

süüa tegema

fohren

sõitma

flegen

lendama

segeln

purjetama

reken

arvutama

lesen

lugema

lehren

õppima

arbeiden

töötama

de Plünnen tohoopsmieten

abielluma

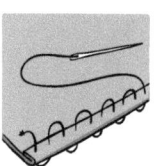

neihen

õmblema

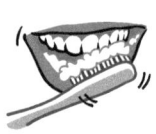

Tähnen putzen

hambaid pesema

dootmaken

tapma

smöken

suitsetama

schicken

saatma

Grootmoder
naema

de Grootvadder
vanaisa

de Vadder
isa

de Moder
ema

Winnelkind

de Dochter
tütar

de Söhn
poeg

de Gast

külaline

de Tant

tädi

de Unkel

onu

de Broder

vend

de Süster

õde

de Lief

keha

de Vörkopp
otsmik
dat Oog
silm
de Schuller
õlg
de Finger
sõrm
dat Gesicht
nägu
dat Kinn
lõug
de Hand
käsi
dat Been
jalg
de Bost
rind
de Arm
käsivars

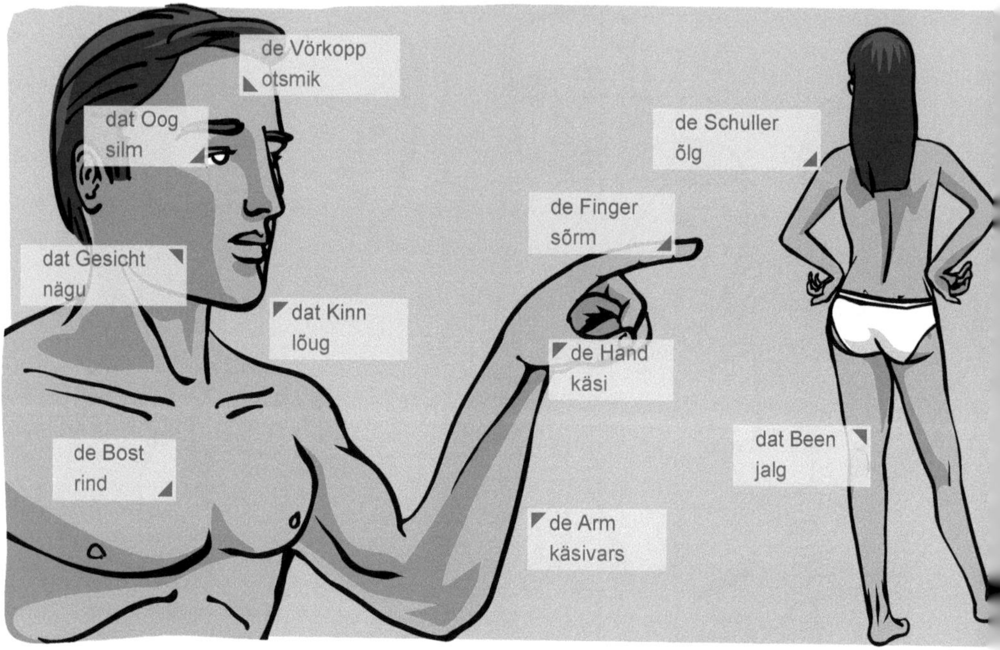

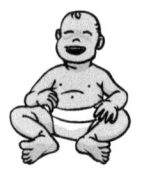

dat Winnelkind
imik

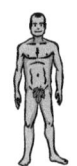

de Mann
mees

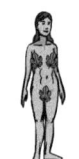

de Fro
naine

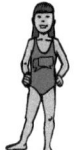

de Deern
tüdruk

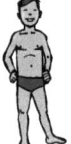

de Jung
poiss

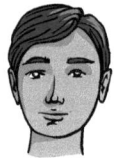

de Arm
pea

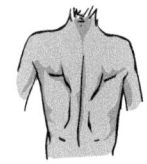

de Rüch

selg

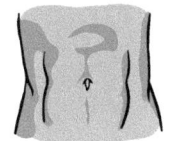

de Buuk

kõht

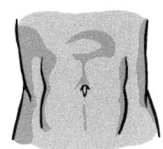

de Navel

naba

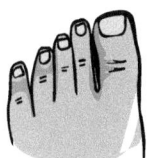

de Teh

varvas

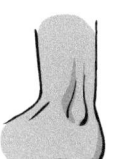

de Hack

kand

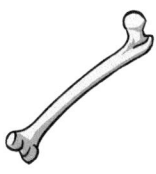

de Knaken

luu

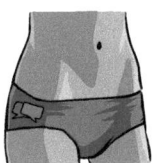

de Hüft

puus

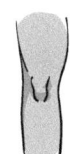

dat Knee

põlv

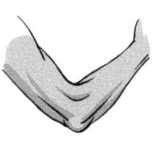

de Ellbagen

küünarnukk

de Nees

nina

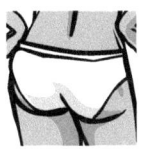

de Achtersen

tagumik

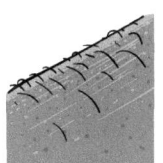

de Huut

nahk

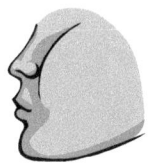

de Back

põsk

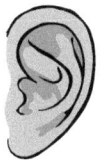

dat Ohr

kõrv

de Lipp

huuled

de Mund

suu

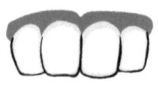

de Tähn

hammas

de Tung

keel

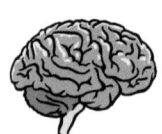

de Bregen

aju

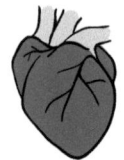

dat Hart

süda

de Muskel

lihas

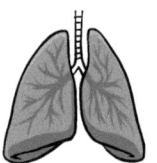

de Lung

kops

de Lever

maks

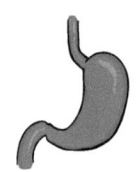

de Maag

magu

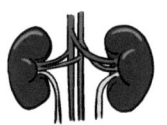

de Neren

neerud

de Bislaap

seksuaalvahekord

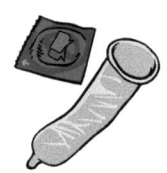

dat Kondoom

kondoom

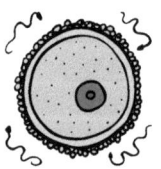

de Eizell

munarakk

dat Sperma

sperma

de Anner Ümstänn

rasedus

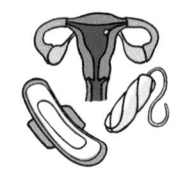

de Menstruatschoon

menstruatsioon

de Scheed

vagiina

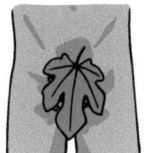

de Pint

peenis

de Ogenbroe

kulm

dat Hoor

juuksed

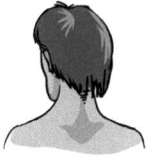

de Hals

kael

dat Krankenhuus
haigla

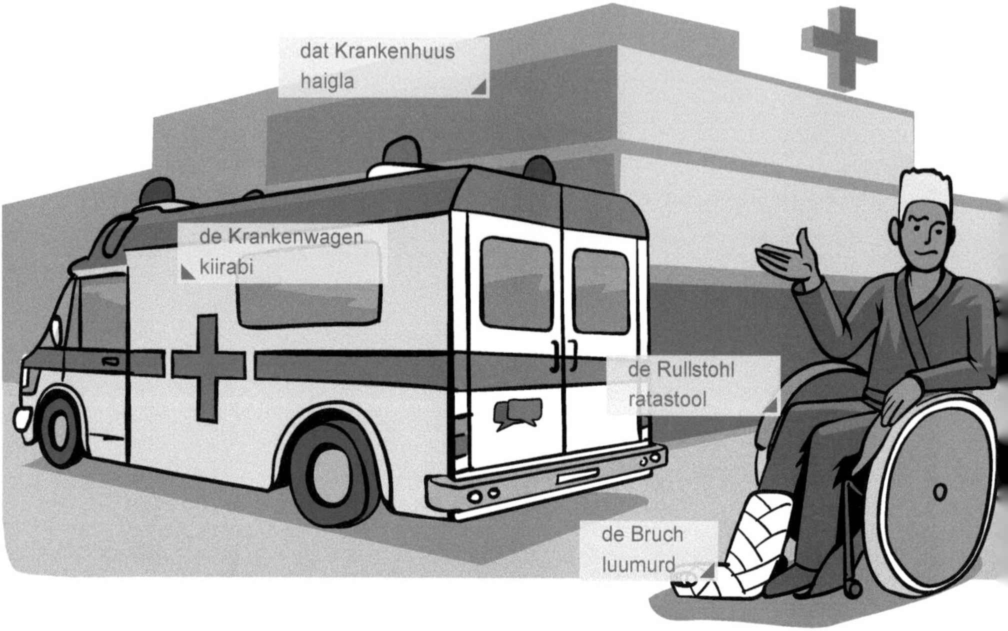

dat Krankenhuus
haigla
de Krankenwagen
kiirabi
de Rullstohl
ratastool
de Bruch
luumurd

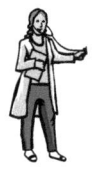

de Dokter

arst

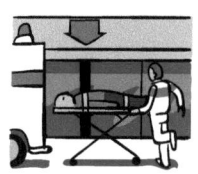

de Nootopnahm

traumapunkt

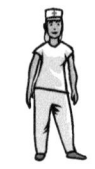

de Krankensüster

meditsiiniõde

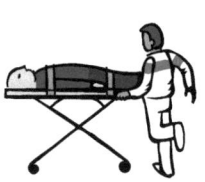

de Nootfall

hädaolukord

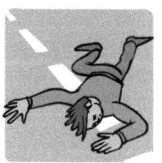

ahnmächtig

teadvuseta

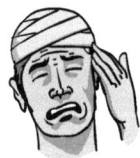

de Wehdaag

valu

de Verwunnen

vigastus

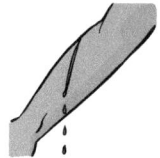

de Blöden

verejooks

de Hartinfarkt

südamerabandus

de Slaganfall

insult

de Allergie

allergia

de Hoosten

köha

dat Fever

palavik

de Gripp

gripp

de Dörchfall

kõhulahtisus

de Koppwehdaag

peavalu

de Kreeft

vähk

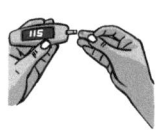

de Zuckersüük

diabeet

de Chirurg

kirurg

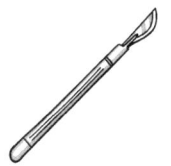

dat Chirurgsch Mess

skalpell

de Operatschoon

operatsioon

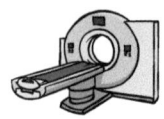

dat CT

KT

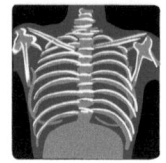

de Dörchlüchten

röntgen

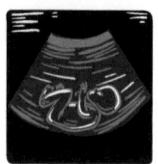

de Ultraschall

ultraheli

de Mask

mask

de Krankheit

haigus

de Töövruum

ooteruum

de Krück

kark

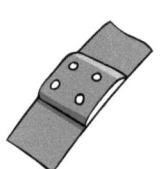

dat Plaaster

kips

de Verband

side

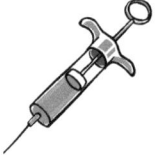

de Insprütten

süst

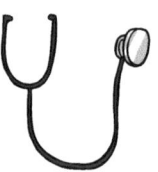

dat Stethoskop

stetoskoop

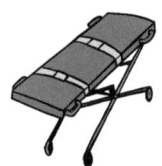

de Draag

kanderaam

dat Feverthermometer

kraadiklaas

de Geboort

sünd

dat Övergewicht

ülekaaluline

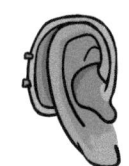

de Hörapparat

kuuldeaparaat

dat Kiemfriemiddel

desinfektsioonivahend

de Ansteken

põletik

de Virus

viirus

dat HIV / AIDS

HIV / AIDS

dat Heelmiddel

meditsiin

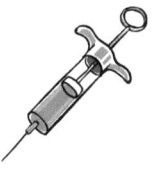

de Impen

vaktsineerimine

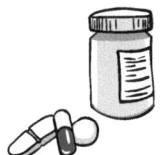

de Tabletten

tabletid

de Pill

pill

de Nootroop

hädaabikõne

de Blootdruck-Meter

vererõhuaparaat

krank / gesund

haige / terve

Hölp!

Appi!

de Alarm

häire

de Överfall

kallaletung

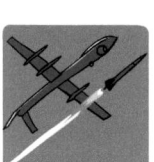

de Angreep

rünnak

de Gefohr

oht

de Nootutgang

avariiväljapääs

dat Füer!

Tulekahju!

de Füerlöscher

tulekustuti

de Unfall

õnnetus

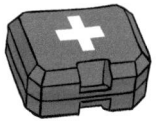

de Noothölpkoffer

esmaabikomplekt

SOS

SOS

de Polizei

politsei

Europa

Euroopa

Noordamerika

Põhja-Ameerika

Süüdamerika

Lõuna-Ameerika

Afrika

Aafrika

Asien

Aasia

Australien

Austraalia

de Atlantik

Atlandi ookean

de Pazifik

Vaikne ookean

dat Indisch Weltmeer

India ookean

at Antarktisch Weltmeer

Lõuna-Jäämeri

dat Arktisch Weltmeer

Põhja-Jäämeri

de Noordpol

põhjapoolus

de Süüdpol

lõunapoolus

de Antarktis

Antarktika

de Eerd

Maa

dat Land

maismaa

de See

meri

dat Eiland

saar

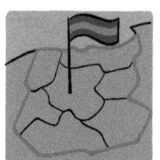

de Natschoon

rahvus

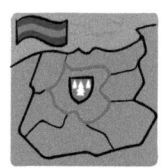

de Staat

riik

dat Tallenblatt

sihverplaat

de Stunnenwieser

tunniosuti

de Minutenwieser

minutiosuti

de Sekunnenwieser

sekundiosuti

Wo laat is dat?

Mis kell on?

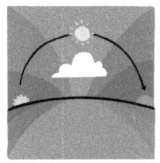

de Dag

päev

de Tiet

aeg

nu

praegu

de digetaalsch Klock

digitaalne kell

de Minuut

minut

de Stunn

tund

de Week

nädal

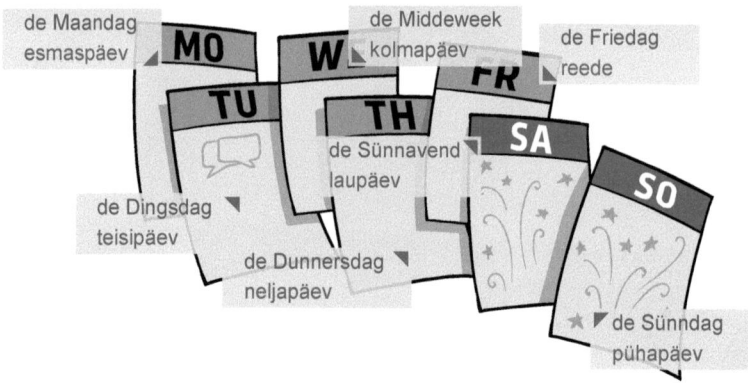

de Maandag / esmaspäev — **MO**
de Dingsdag / teisipäev — **TU**
de Middeweek / kolmapäev — **W**
de Dunnersdag / neljapäev — **TH**
de Friedag / reede — **FR**
de Sünnavend / laupäev — **SA**
de Sünndag / pühapäev — **SO**

güstern
....
eile

hüüt
....
täna

morgen
....
homme

de Morgen
....
hommik

de Meddag
....
lõuna

de Avend
....
õhtu

MO	TU	WE	TH	FR	SA	SU
1	2	3	4	5	6	7
8	9	10	11	12	13	14
15	16	17	18	19	20	21
22	23	24	25	26	27	28
29	30	31	1	2	3	4

de Arbeitsdaag
....
tööpäevad

MO	TU	WE	TH	FR	SA	SU
1	2	3	4	5	6	7
8	9	10	11	12	13	14
15	16	17	18	19	20	21
22	23	24	25	26	27	28
29	30	31	1	2	3	4

dat Wekenenn
....
nädalavahetus

dat Johr

aasta

de Regen
vihm
de Regenbagen
vikerkaar
de Wind
tuul
de Snee
lumi
dat Fröhjohr
kevad
de Sommer
suvi
de Harvst
sügis
de Winter
talv

4.APRIL 11°
5.APRIL 4°
6.APRIL 13°
7.APRIL 8°
8.APRIL 10°

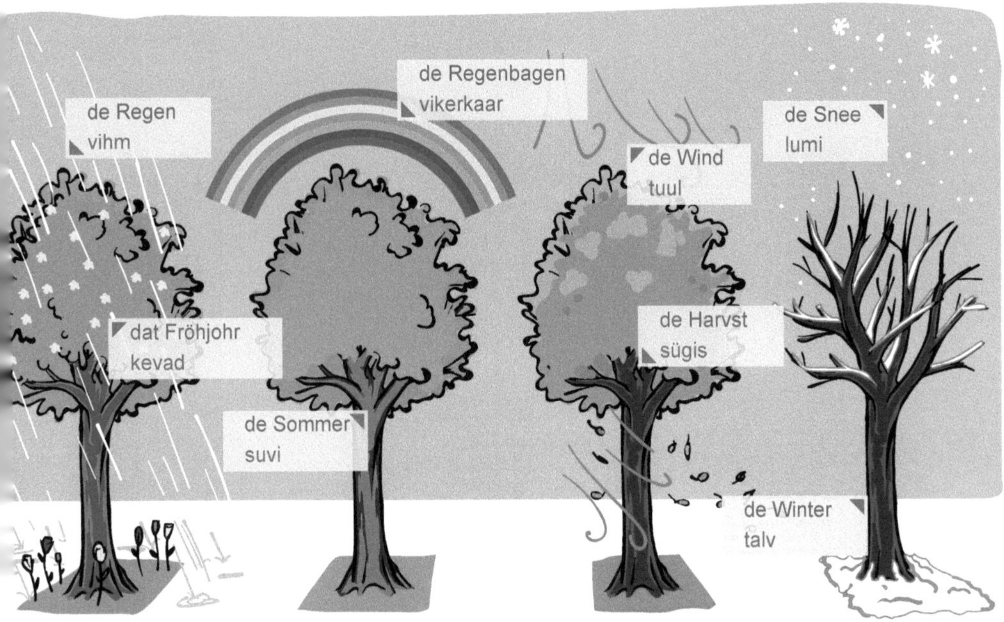

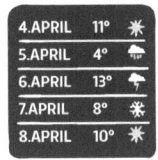

de Wedervörhersaag

ilmaennustus

F C
120 40
90 30
60 20
30 10
0 0
-30 -10
-20

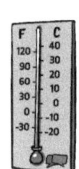

dat Thermometer

termomeeter

de Sünnenschien

päikesepaiste

de Wulk

pilv

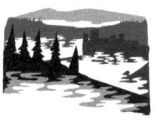

de Nevel

udu

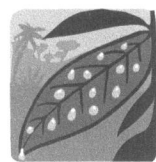

de Luftfuchtigkeit

niiskus

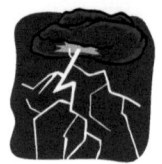

de Blitz
....
pikne

de Dunner
....
kõu

de Storm
....
torm

de Hagel
....
rahe

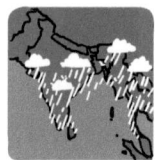

de Monsun
....
mussoon

de Floot
....
üleujutus

dat Ies
....
jää

de Januormaand
....
jaanuar

de Februormaand
....
veebruar

de Martmaand
....
märts

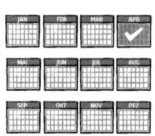

de Aprilmaand
....
aprill

de Maimaand
....
mai

de Junimaand
....
juuni

de Julimaand
....
juuli

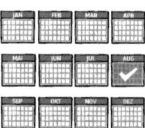

de Augustmaand
....
august

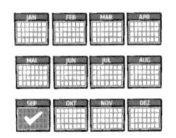

de Septembermaand
....
september

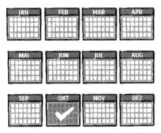

de Oktobermaand
....
oktoober

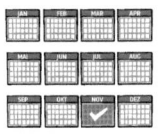

de Novembermaand
....
november

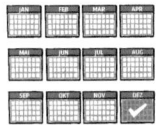

de Dezembermaand
....
detsember

de Formen
kujundid

de Krink
....
ring

dat Quadrat
....
ruut

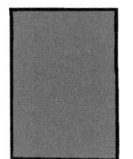

dat Rechteck
....
nelinurk

dat Dreeeck
....
kolmnurk

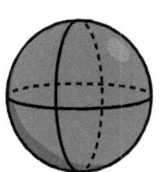

de Kugel
....
kera

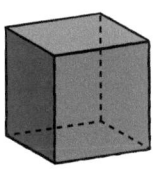

de Wörpel
....
kuup

de Farven
värvid

witt
valge

geel
kollane

orangsch
oranž

pink
roosa

root
punane

lila
lilla

blau
sinine

gröön
roheline

bruun
pruun

gries
hall

swart
must

veel / wenig

palju / vähe

böös / verdreeglich

vihane / rahulik

smuck / mies

ilus / inetu

de Begünn / dat Enn

algus / lõpp

groot / lütt

suur / väike

hell / düüster

hele / tume

de Broder / de Süster

vend / õde

schier / schietig

puhas / must

kumpleet / nich kumpleet

täielik / puudulik

de Dag / de Nacht

päev / öö

doot / lebennig

surnud / elus

breet / small

lai / kitsas

geneetbor / nich geneetbor

söödav / mittesöödav

böös / fründlich

kuri / sõbralik

fickerig / langwielt

põnevil / tüdinud

dick / dünn

paks / peenike

toeerst / toletzt

esimene / viimane

de Fründ / de Fiend

sõber / vaenlane

vull / leddig

täis / tühi

hart / week

kõva / pehme

swoor / licht

raske / kerge

de Smacht / de Döst

nälg / janu

krank / gesund

haige / terve

nich na't Recht / na't Recht

ebaseaduslik / seaduslik

klook / dummerhaftig

tark / rumal

linkerhand / rechterhand

vasak / parem

neeg / feern

lähedal / kaugel

nieg / bruukt

uus / kasutatud

nix / wat

mitte midagi / midagi

oolt / jung

vana / noor

an / ut

sees / väljas

apen / slaten

lahti / kinni

lies / luut

vaikne / vali

riek / arm

rikas / vaene

richtig / verkehrt

õige / vale

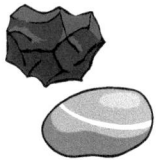

ruug / glatt

kare / sile

trurig / glücklich

kurb / rõõmus

kort / lang

lühike / pikk

suutje / flink

aeglane / kiire

natt / dröög

märg / kuiv

warm / köhl

soe / jahe

de Krieg / de Freden

sõda / rahu

de Tallen
numbrid

0	1	2
null	een	twee
null	üks	kaks

3	4	5
dree	veer	fief
kolm	neli	viis

6	7	8
söss	söven	acht
kuus	seitse	kaheksa

9	10	11
negen	teihn	ölven
üheksa	kümme	üksteist

12

twölf
kaksteist

13

dörteihn
kolmteist

14

veerteihn
neliteist

15

föffteihn
viisteist

16

sössteihn
kuusteist

17

söventeihn
seitseteist

18

achtteihn
kaheksateist

19

negenteihn
üheksateist

20

twintig
kakskümmend

100

hunnert
sada

1.000

dusend
tuhat

1.000.000

million
miljon

dat Engelsch

inglise

dat Amerikaansch Engelsch

Ameerika inglise

dat Chineesch Mandarin

mandariini

dat Hindi

hindi

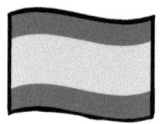

dat Spaansch

hispaania

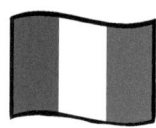

dat Franzöösch

prantsuse

dat Araabsch

araabia

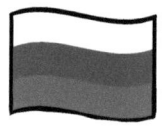

dat Rusch

vene

dat Portugiesch

portugali

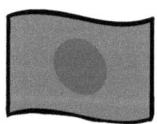

dat Bengaalsch

bengali

dat Düütsch

saksa

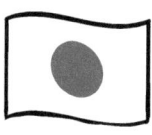

dat Japaansch

jaapani

ik

mina

du

sina

he / se / dat

tema

wi

meie

ji

teie

se

nemad

keen?

kes?

wat?

mis?

woans?

kuidas?

woneem?

kus?

wannehr?

millal?

de Naam

nimi

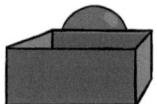

achter
....
taga

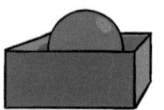

in
....
sees

vör
....
ees

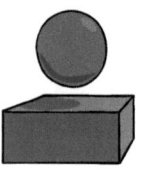

över
....
kohal

op
....
peal

ünner
....
all

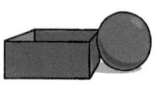

blangen
....
kõrval

twüschen
....
vahel

de Oort
....
koht